公平竞争审查条例

中国法制出版社

公平竞争审查条例

GONGPING JINGZHENG SHENCHA TIAOLI

经销/新华书店
印刷/保定市中画美凯印刷有限公司
开本/850 毫米×1168 毫米　32 开　　　　　印张/0.5　字数/6 千
版次/2024 年 6 月第 1 版　　　　　　　　　2024 年10月第 4 次印刷

中国法制出版社出版
书号 ISBN 978-7-5216-4539-2　　　　　　　　定价：5.00 元

北京市西城区西便门西里甲 16 号西便门办公区
邮政编码：100053　　　　　　　　　　　传真：010-63141600
网址：http://www.zgfzs.com　　　　　编辑部电话：010-63141673
市场营销部电话：010-63141612　　　　印务部电话：010-63141606

（如有印装质量问题，请与本社印务部联系。）

公平竞争审查条例

中国法制出版社

目　　录

中华人民共和国国务院令（第 783 号）……………（1）

公平竞争审查条例 ………………………………（2）

司法部、市场监管总局负责人就《公平
　竞争审查条例》答记者问 ……………………（8）

中华人民共和国国务院令

第 783 号

《公平竞争审查条例》已经 2024 年 5 月 11 日国务院第 32 次常务会议通过，现予公布，自 2024 年 8 月 1 日起施行。

总理　李强

2024 年 6 月 6 日

公平竞争审查条例

第一章 总 则

第一条 为了规范公平竞争审查工作，促进市场公平竞争，优化营商环境，建设全国统一大市场，根据《中华人民共和国反垄断法》等法律，制定本条例。

第二条 起草涉及经营者经济活动的法律、行政法规、地方性法规、规章、规范性文件以及具体政策措施（以下统称政策措施），行政机关和法律、法规授权的具有管理公共事务职能的组织（以下统称起草单位）应当依照本条例规定开展公平竞争审查。

第三条 公平竞争审查工作坚持中国共产党的领导，贯彻党和国家路线方针政策和决策部署。

国家加强公平竞争审查工作，保障各类经营者依法平等使用生产要素、公平参与市场竞争。

第四条 国务院建立公平竞争审查协调机制，统筹、协调和指导全国公平竞争审查工作，研究解决公平竞争审查工作中的重大问题，评估全国公平竞争审查工作情况。

第五条 县级以上地方人民政府应当建立健全公平竞

争审查工作机制，保障公平竞争审查工作力量，并将公平竞争审查工作经费纳入本级政府预算。

第六条 国务院市场监督管理部门负责指导实施公平竞争审查制度，督促有关部门和地方开展公平竞争审查工作。

县级以上地方人民政府市场监督管理部门负责在本行政区域组织实施公平竞争审查制度。

第七条 县级以上人民政府将公平竞争审查工作情况纳入法治政府建设、优化营商环境等考核评价内容。

第二章 审查标准

第八条 起草单位起草的政策措施，不得含有下列限制或者变相限制市场准入和退出的内容：

（一）对市场准入负面清单以外的行业、领域、业务等违法设置审批程序；

（二）违法设置或者授予特许经营权；

（三）限定经营、购买或者使用特定经营者提供的商品或者服务（以下统称商品）；

（四）设置不合理或者歧视性的准入、退出条件；

（五）其他限制或者变相限制市场准入和退出的内容。

第九条 起草单位起草的政策措施，不得含有下列限制商品、要素自由流动的内容：

（一）限制外地或者进口商品、要素进入本地市场，或者阻碍本地经营者迁出，商品、要素输出；

（二）排斥、限制、强制或者变相强制外地经营者在本地投资经营或者设立分支机构；

（三）排斥、限制或者变相限制外地经营者参加本地政府采购、招标投标；

（四）对外地或者进口商品、要素设置歧视性收费项目、收费标准、价格或者补贴；

（五）在资质标准、监管执法等方面对外地经营者在本地投资经营设置歧视性要求；

（六）其他限制商品、要素自由流动的内容。

第十条 起草单位起草的政策措施，没有法律、行政法规依据或者未经国务院批准，不得含有下列影响生产经营成本的内容：

（一）给予特定经营者税收优惠；

（二）给予特定经营者选择性、差异化的财政奖励或者补贴；

（三）给予特定经营者要素获取、行政事业性收费、政府性基金、社会保险费等方面的优惠；

（四）其他影响生产经营成本的内容。

第十一条 起草单位起草的政策措施，不得含有下列影响生产经营行为的内容：

（一）强制或者变相强制经营者实施垄断行为，或者为经营者实施垄断行为提供便利条件；

（二）超越法定权限制定政府指导价、政府定价，为特定经营者提供优惠价格；

（三）违法干预实行市场调节价的商品、要素的价格水平；

（四）其他影响生产经营行为的内容。

第十二条 起草单位起草的政策措施，具有或者可能具有排除、限制竞争效果，但符合下列情形之一，且没有对公平竞争影响更小的替代方案，并能够确定合理的实施期限或者终止条件的，可以出台：

（一）为维护国家安全和发展利益的；

（二）为促进科学技术进步、增强国家自主创新能力的；

（三）为实现节约能源、保护环境、救灾救助等社会公共利益的；

（四）法律、行政法规规定的其他情形。

第三章 审查机制

第十三条 拟由部门出台的政策措施，由起草单位在起草阶段开展公平竞争审查。

拟由多个部门联合出台的政策措施，由牵头起草单位在起草阶段开展公平竞争审查。

第十四条 拟由县级以上人民政府出台或者提请本级人民代表大会及其常务委员会审议的政策措施，由本级人民政府市场监督管理部门会同起草单位在起草阶段开展公平竞争审查。起草单位应当开展初审，并将政策措施草案和初审意见送市场监督管理部门审查。

第十五条 国家鼓励有条件的地区探索建立跨区域、

跨部门的公平竞争审查工作机制。

第十六条 开展公平竞争审查，应当听取有关经营者、行业协会商会等利害关系人关于公平竞争影响的意见。涉及社会公众利益的，应当听取社会公众意见。

第十七条 开展公平竞争审查，应当按照本条例规定的审查标准，在评估对公平竞争影响后，作出审查结论。

适用本条例第十二条规定的，应当在审查结论中详细说明。

第十八条 政策措施未经公平竞争审查，或者经公平竞争审查认为违反本条例第八条至第十一条规定且不符合第十二条规定情形的，不得出台。

第十九条 有关部门和单位、个人对在公平竞争审查过程中知悉的国家秘密、商业秘密和个人隐私，应当依法予以保密。

第四章 监督保障

第二十条 国务院市场监督管理部门强化公平竞争审查工作监督保障，建立健全公平竞争审查抽查、举报处理、督查等机制。

第二十一条 市场监督管理部门建立健全公平竞争审查抽查机制，组织对有关政策措施开展抽查，经核查发现违反本条例规定的，应当督促起草单位进行整改。

市场监督管理部门应当向本级人民政府报告抽查情况，

抽查结果可以向社会公开。

第二十二条　对违反本条例规定的政策措施，任何单位和个人可以向市场监督管理部门举报。市场监督管理部门接到举报后，应当及时处理或者转送有关部门处理。

市场监督管理部门应当向社会公开受理举报的电话、信箱或者电子邮件地址。

第二十三条　国务院定期对县级以上地方人民政府公平竞争审查工作机制建设情况、公平竞争审查工作开展情况、举报处理情况等开展督查。国务院市场监督管理部门负责具体实施。

第二十四条　起草单位未依照本条例规定开展公平竞争审查，经市场监督管理部门督促，逾期仍未整改的，上一级市场监督管理部门可以对其负责人进行约谈。

第二十五条　未依照本条例规定开展公平竞争审查，造成严重不良影响的，对起草单位直接负责的主管人员和其他直接责任人员依法给予处分。

第五章　附　　则

第二十六条　国务院市场监督管理部门根据本条例制定公平竞争审查的具体实施办法。

第二十七条　本条例自 2024 年 8 月 1 日起施行。

司法部、市场监管总局负责人就《公平竞争审查条例》答记者问

2024年6月6日,国务院总理李强签署第783号国务院令,公布《公平竞争审查条例》(以下简称《条例》),自2024年8月1日起施行。日前,司法部、市场监管总局负责人就有关问题回答了记者提问。

问: 请简要介绍一下《条例》的出台背景。

答: 公平竞争是市场经济的基本原则,是市场机制高效运行的重要基础,在优化资源配置、降低制度性交易成本、调动经营者积极性和创造性方面发挥着重要作用,也是建设全国统一大市场的必然要求。党中央、国务院对营造公平竞争市场环境高度重视。近年来,我国着力完善公平竞争制度规则。2016年,《国务院关于在市场体系建设中建立公平竞争审查制度的意见》(国发〔2016〕34号)提出建立公平竞争审查制度。2022年,修改后的反垄断法规定"国家建立健全公平竞争审查制度"。公平竞争审查制度实施以来,对于规范行政机关和法律、法规授权的具有管理公共事务职能的组织的行为,防止滥用行政权力排除限制竞争,维护公平竞争市场秩序和经营者合法权益发

挥了积极作用。与此同时，公平竞争审查制度在实施过程中也存在一些突出问题。有的政策措施在起草时未按照要求开展公平竞争审查，在市场准入、要素获取、政府采购、招标投标、奖励补贴等方面对经营者尤其是民营企业进行隐性的歧视性差别对待，地方保护、区域封锁、行业壁垒等情形仍然存在，"玻璃门"、"旋转门"、"弹簧门"等现象较为突出，妨碍了商品要素资源在全国范围内畅通流动。因此，有必要制定公平竞争审查条例，对反垄断法和国务院文件规定的公平竞争审查制度进一步细化并落到实处。

市场监管总局在总结近年来各地区开展公平竞争审查实践经验、征求有关方面意见并向社会公开征求意见基础上，向国务院报送了《公平竞争审查条例（草案送审稿）》。司法部在立法审查中，广泛征求中央有关单位、各省级人民政府意见，会同市场监管总局深入开展调研，听取有关经营者、行业协会商会和专家学者的意见建议，对重点问题深入研究，修改形成了条例草案。

问：制定《条例》的总体思路是什么？

答：《条例》在制定过程中，坚持以习近平新时代中国特色社会主义思想为指导，深入贯彻落实党中央、国务院关于加快建设全国统一大市场的决策部署，遵循以下总体思路：一是坚持问题导向。聚焦当前经营者反映突出的问题，构建公平竞争审查制度规则。二是坚持统筹兼顾。着力打破地区封锁和行业垄断，科学、合理设置审查要求。三是强化实施监督。完善公平竞争审查实施机制，推动自我审查与外部监督相结合，提升公平竞争审查的制度刚性。

问：公平竞争审查的主体和范围是什么？

答：公平竞争审查的主体主要包括两类，一是行政机关，二是法律、法规授权的具有管理公共事务职能的组织（以下统称起草单位）。公平竞争审查的范围是上述起草单位起草的涉及经营者经济活动的法律、行政法规、地方性法规、规章、规范性文件以及具体政策措施（以下统称政策措施）。

问：关于公平竞争审查，有关方面的职责是什么？

答：一是国务院建立公平竞争审查协调机制，统筹、协调和指导全国公平竞争审查工作，研究解决公平竞争审查工作中的重大问题。二是县级以上地方人民政府应当建立健全公平竞争审查工作机制。三是国务院市场监督管理部门负责指导实施公平竞争审查制度，督促有关部门和地方开展公平竞争审查工作；县级以上地方人民政府市场监督管理部门负责在本行政区域组织实施公平竞争审查制度。

问：开展公平竞争审查应当符合什么要求？

答：起草单位起草的政策措施，应当符合以下要求：一是不得含有限制或者变相限制市场准入和退出的内容。二是不得含有限制商品和要素自由流动的内容。三是没有法律、行政法规依据或者未经国务院批准，不得含有影响生产经营成本的内容。四是不得含有影响生产经营行为的内容。此外，起草单位起草的政策措施，具有或者可能具有排除、限制竞争效果，但有为维护国家安全和发展利益，为促进科学技术进步、增强国家自主创新能力，或者为实现节约能源、保护环境、救灾救助等社会公共利益等规定情形的，且没有对公平竞争影响更小的替代方案，并能够确定合理的实施期限或者终止条件的，可以出台。

问：《条例》围绕公平竞争审查机制作了哪些主要规定？

答：一是拟由部门出台的政策措施，由起草单位在起草阶段开展公平竞争审查；拟由多个部门联合出台的政策措施，由牵头起草单位在起草阶段开展公平竞争审查。二是拟由县级以上人民政府出台或者提请本级人大及其常委会审议的政策措施，由本级人民政府市场监督管理部门会同起草单位在起草阶段开展公平竞争审查。三是开展公平竞争审查，应当听取有关利害关系人的意见；涉及社会公众利益的，应当听取社会公众意见。四是政策措施未经公平竞争审查，或者不符合本条例规定的，不得出台。

问：在强化监督保障方面，《条例》作了哪些规定？

答：一是市场监督管理部门组织对有关政策措施开展抽查，发现违反本条例规定的，应当督促起草单位进行整改。二是对违反本条例规定的政策措施，任何单位和个人可以向市场监督管理部门举报。市场监督管理部门接到举报后，应当及时处理或者转送有关部门处理。三是国务院定期对县级以上地方人民政府公平竞争审查工作机制建设情况、公平竞争审查工作开展情况、举报处理情况等开展督查，国务院市场监督管理部门负责具体实施。四是起草单位未依照本条例规定开展公平竞争审查，经市场监督管理部门督促，逾期仍未整改的，上一级市场监督管理部门可以对其负责人进行约谈。

问：《条例》施行后，将重点做好哪些工作？

答：市场监管总局将和有关部门共同做好《条例》的贯彻实施工作。一是加大宣传解读力度。组织多种形式的宣传引导，加强公平竞争审查专业培训。二是完善公平竞争审查配套制度规则，细化审查标准，完善审查工作流程，强化审查制度机制保障。三是强化指导实施公平竞争审查制度，做好重大政策措施会同审查机制落实。四是做好政策措施源头治理，强化事前预防和事后监管，充分发挥监督抽查、督促整改、约谈提醒等约束作用，督促各地区、各部门落实公平竞争审查主体责任。

定价：5.00元